Faire du sport

Sans faire de sport

Yann MORENAS

Copyright © Yann Morenas 2017

Publication 2017Edition : Yann Morenas – Rhône-Alpes

Achevé d'imprimer en décembre 2017

Dépôt légal : décembre 2017

ISBN n° 978-2-9562998-2-0

Mise en page et distribution du livre : www.ebook-creation.fr

SOMMAIRE

Avant tout je voudrais remercier les personnes m'ayant aidé à écrire ce petit ouvrage : Aurore, Chantal, Emma, Caro pour l'écriture et Elodie pour les photos. Merci votre aide m'a été précieuse.

Avertissement : si vous doutez de vos capacités pour exécuter certains mouvements ou si vous ressentez des douleurs, n'hésitez pas à vous renseigner auprès de votre médecin, votre kinésithérapeute ou votre ostéopathe.

Au fil de mon expérience j'ai découvert comment faire du sport sans vraiment faire de sport et apprendre des gestes sportifs en toute sécurité à la maison.

Vous allez connaître la joie de pratiquer une activité sportive seul(e)s sans vous blesser, tout en gagnant une meilleure forme et une santé grandissante.

Combien d'entre vous se sont déjà dit : « le sport ce n'est pas fait pour moi » ou ont déjà payé une salle de sport dans laquelle ils ne sont jamais allés plus de deux semaines puis ont gaspillé leurs abonnements en restant assis à la maison, par manque de motivation, par honte de ne pas savoir faire, par peur du regard d'autrui, ou tout simplement par manque de temps ?...

La solution est là, dans les lignes qui vont suivre.

Au cours de ce livre, nous allons apprendre à utiliser le quotidien comme support d'activités physiques ; pour celles et ceux qui le souhaitent, apprendre et réussir des mouvements qui vous paraissaient impossibles.

Nous sommes tous capables de faire du sport, chacun à notre niveau, ce n'est pas une compétition, juste une question de prendre plaisir à retrouver de la mobilité, de l'agilité, de la force, de la souplesse, de l'indépendance. Le retour à la santé et au bien-être en douceur.

Vous pourrez mesurer vos progrès vous-même et être fier(e)s du chemin que vous aurez parcouru, ce qui vous donnera peut-être, voire sûrement, des ailes pour oser passer le cap et vous inscrire dans un club sportif ou une salle de fitness.

Votre vision du sport et de la vie aura changé totalement, vous serez à nouveau débordant(e)s de vitalité.

UN PEU DE MON HISTOIRE

Tout d'abord, laissez-moi vous faire part rapidement de mon parcours pour que vous puissiez comprendre comment j'en suis venu à écrire ce livre.

Pour commencer, je tiens à dédier cet ouvrage à mon père qui n'est malheureusement plus parmi nous, et sans qui je n'en serai pas là aujourd'hui.

J'ai fait mes débuts dans le sport à l'âge de 5 ans et demi, avec la pratique de la boxe américaine, enseignée par mon père… Puis les années passant, j'ai touché au tennis, au skateboard, au snowboard, au break dance, au VTT, à la capoeira. En conclusion, le sport faisait partie intégrante de ma vie.

C'est au lycée qu'est né mon goût de l'enseignement pour la boxe. Pendant ses cours, mon père, et mon professeur à la fois, me demandait de plus en plus souvent de le relayer auprès des autres pratiquant(e)s lors des échauffements. Naturellement j'ai commencé à aimer chercher différentes façons de faire, à réfléchir par moi-même à des exercices accessibles à tous, tout en proposant des solutions adaptées aux différents niveaux.
Ce fut une révélation : j'adorais transmettre aux gens un savoir et leur apprendre à devenir autonomes dans la pratique.

En plus de mon travail d'électricien à l'époque, je débutais des cours de stretching dans une salle de sport pour les boxeurs et boxeuses du club. Mon père décida alors de me faire passer un diplôme fédéral d'instructeur de boxe.

Tout juste diplômé et ayant reçu une formation concrète sur la manière d'enseigner ce sport, je décidai de quitter rapidement mon emploi malgré un CDI et de me préparer à celui de coach sportif (bpjeps agff). Je voulais permettre aux gens d'améliorer leur santé à travers le sport.

Je suivais en quelque sorte les pas de mon père. Juillet 2012, je suis diplômé d'État, prêt à commencer une nouvelle aventure. Depuis 2015, je donne des cours de gym pour une association et c'est en rencontrant les différentes difficultés des adhérent(e)s, qu'une foule d'idées me sont venues pour aider et adapter au mieux la pratique de chacun(e) sur le chemin de la santé.

VISION DE LA VIE À TRAVERS LES YEUX D'UN COACH

Nous pouvons voir du sport en toute chose, à chaque moment, voilà pourquoi le titre est « Faire du sport Sans faire de sport ».

Marcher, monter des escaliers, faire les courses, entrer/sortir d'un véhicule, s'asseoir sur une chaise ou sur le canapé, se lever du lit, faire ses lacets…

Tout mouvement du quotidien peut devenir une porte d'entrée dans le sport, dans le renforcement musculaire, ou être une occasion de s'assouplir.
Il suffit d'en prendre conscience, vous avez peut-être déjà entrevu une solution.

À tout ceci, il faut ajouter un minimum de connaissances techniques pour ne pas se blesser et comprendre comment fonctionnent le corps et le mental.

Continuons sur certaines notions qui sont présentes dans la vie de tous les jours mais que la plupart d'entre nous ne voyons pas, car ils ou elles sont trop occupé(e)s par le quotidien.

La santé, la vie, c'est le mouvement. C'est bouger, couplé à une alimentation équilibrée, à un sommeil réparateur… en somme une bonne hygiène de vie.

Tout est à portée de main à chaque instant, cessons de nous trouver de fausses excuses, la société nous endort assez comme ça.

Si nous n'avions plus à gérer nos problèmes physiques et de santé en général, imaginez l'énergie que cela nous laisserait pour être performants au travail, souriants à notre entourage, laissant libre cours à des opportunités de vie que nous n'aurions jamais pu imaginer auparavant.

Mon expérience m'a montré que nous sommes imprégné(e)s de préjugés concernant le sport. J'entends souvent : « c'est trop dur », « je n'y arriverai pas », « j'ai mal ici, j'ai mal là »… Il y a toujours des solutions pour s'entretenir, il suffit de demander et de trouver la motivation.

J'ai eu l'idée d'écrire ce livre pour aider les personnes ayant besoin d'un coup de pouce et désirant pratiquer une activité physique, alors que peut être, le corps médical leur a prescrit de ne rien faire du tout.

Seulement, je le redis : le mouvement, c'est la vie, l'univers tout entier est en mouvement et arrêter de bouger, c'est la mort.
Prenez-vous en main, votre vie va s'améliorer.

Un petit exemple de vie qui illustre la démarche du livre :

Un membre de ma famille m'a fait prendre conscience de l'importance de ce projet car il est passé par cette évolution.
Pris dans le tourbillon de la vie, il a atteint les 100 kg pour 1m83 en quelques années. Il ne pouvait plus courir, ses

articulations le faisaient souffrir, et pourtant il est médecin et a un passé sportif semi professionnel.

Un jour, il a trouvé assez de motivation pour changer son hygiène de vie : il s'est décidé à courir 5 minutes terminant son parcours en marchant pour parvenir finalement à un footing d'une trentaine de minutes.

En parallèle ayant modifié son alimentation il a vu son poids diminuer. Il a perdu : 15 kg en 6 mois, qu'il n'a jamais repris, car en lui était née la volonté de retrouver une bonne santé. Voyez-vous, en pratiquant un peu tous les jours, les résultats seront là. Tout est possible.

Réagissez grâce à ce qui va suivre, vous allez être en meilleure forme de jour en jour.

QUELQUES NOTIONS
À CONNAITRE

Avant de se lancer dans l'énumération d'exercices, il y a certaines notions simples à connaître.

Durant ma formation, un de nos professeurs en physiologie, anatomie et musculation, nous a enseigné une phrase qui raisonne encore en moi, et qui va vous permettre de comprendre pourquoi bouger est important.

« La fonction crée l'organe »

Cette phrase veut tout dire et l'évolution le démontre. Quand un membre ou un organe n'a plus été utile, l'espèce (qu'elle soit issue du milieu terrestre, marin, aérien…) l'a abandonné ou l'a fait évoluer vers une autre fonction.

Arrêtez de vous servir d'un de vos membres et vos muscles vont s'atrophier. Vous en perdrez l'usage.

Pourquoi ?

Pour faire simple, le corps humain est une machine extrêmement complexe, intelligente avec des capacités à s'adapter, mais il est aussi extrêmement paresseux et primaire dans ses fonctions.
Il va chercher à s'économiser constamment, c'est un réflexe de survie.

Le sportif amateur comme celui de haut niveau va progresser dans sa pratique car pour supporter les charges de travail imposées, le corps va devoir développer son système cardio-vasculaire puis créer des connexions nerveuses avec les muscles, puis créer du muscle.

Ceci dans le but d'optimiser à moindre effort la dépense d'énergie à condition de sortir de sa zone de confort.
À contrario, quand le sportif va diminuer l'intensité des séances, le corps va perdre alors les capacités mises en place car il n'a plus besoin de maintenir ce niveau de performance.
C'est le cheminement inverse.

J'ai pris un sportif en exemple, mais cela fonctionne pour toute personne développant une aptitude particulière : le dessin pour avoir des traits sûrs et précis, le théâtre pour apprendre les textes par cœur, un musicien…
On dit que faire du vélo ne s'oublie pas, certes, mais l'agilité à en faire diminue en même temps que la condition physique se dégrade.

J'aurais une multitude d'exemples, mais nous n'allons pas nous étendre plus.

Bougeons, créons, vivons, soyons en bonne santé, ressentons le bien-être que cela procure et la joie de nous voir progresser.

TOUT EST POSSIBLE

Nous naissons tous et toutes avec le même potentiel de mobilité et souplesse, sauf en cas de maladie.
Mais notre rythme de vie fait que nous ne l'entretenons pas. Nous passons beaucoup de temps assis devant un bureau, cela dès notre plus jeune âge. Ce qui contrarie notre schéma corporel naturel et désactive nos muscles posturaux.

Observons les bébés et les jeunes enfants jouer, ils courent constamment, sautent partout, et peuvent rester de longs moments accroupis sans souffrir et cette position est naturelle et spontanée pour eux.

À l'adolescence tout cela est bousculé : la croissance change notre schéma corporel. Elle nous amène à perdre de la souplesse, à avoir honte de notre corps ou à subir certaines pathologies liées à cette période.
Puis nous entrons dans la vie active et nous manquons de temps. Les années passent et nous prenons du poids puis notre corps dégénère et nous nous retrouvons amoindri(e)s par notre manque d'hygiène de vie.

Mais une fois ce livre refermé, la santé reviendra.

Tout n'est qu'entraînement. Au début, commencez par 5 minutes d'activité par jour voire 2 minutes, puis rajoutez 1 minute ou même moins, chaque jour suivant les exercices.
Chacun suit son rythme : pratiquer un peu d'exercice tous les jours, fait qu'un jour vous allez être capable de réaliser plus.
Mais pensez aussi aux repos, c'est dans ces moments que le corps se régénère et se construit.

Il faut tenter de s'améliorer chaque jour, ce devrait être LE but de toute une vie.

Un gain de vitalité, de santé, passera automatiquement aussi par une bonne alimentation. C'est la base de la santé.

Pour celles et ceux qui veulent perdre du poids ou souhaitent s'entretenir, la règle d'une bonne hygiène de vie, c'est une alimentation saine, des activités sportives et un sommeil suffisant.

Cette association fera que vous allez augmenter vos capacités physiques comme mentales et deviendrez une meilleure version de vous-même.

LE VIF DU SUJET

Avant de commencer, juste un petit mot pour spécifier que je ne traiterai pas d'alimentation ni de technique de prise de masse musculaire. D'autres ouvrages le font déjà très bien.

Ce livre s'adresse aux personnes désirant reprendre une activité physique et donc leur vie en main avec douceur et efficacité.

Nous verrons plusieurs astuces que j'ai pu développer pendant des cours collectifs et coachings privés, pour exécuter correctement certains gestes sportifs et les utiliser dans le quotidien pour votre bien-être.

MOUVEMENTS DE BASE

J'ai défini 8 actions basiques du quotidien que nous retrouvons dans la vie et qui vont vous permettre de comprendre pourquoi en réalité nous faisons du sport presque à chaque moment.

- ATTRAPER
- TIRER
- POUSSER
- SE LEVER
- SE BAISSER
- SOULEVER
- MARCHER
- COURIR

Et nous pourrions ajouter **SAUTER** aussi, ce qui nous amène à 9 actions.

Nous y voilà, nous allons voir quelques mouvements qui pourront former la base de votre remise en forme.

LE SQUAT :

Le « squat » en français est une flexion des jambes, ou tout simplement le fait de s'accroupir comme les bébés, ou encore s'asseoir sur un support : une chaise, un tabouret, un canapé… un rocher…

Astuce pour un bon positionnement

Prenez une chaise et venez viser le bord avec les fesses, tout en maintenant les bras vers le haut. Cela assurera une position correcte de votre dos. (Gardez les courbures naturelles du dos).

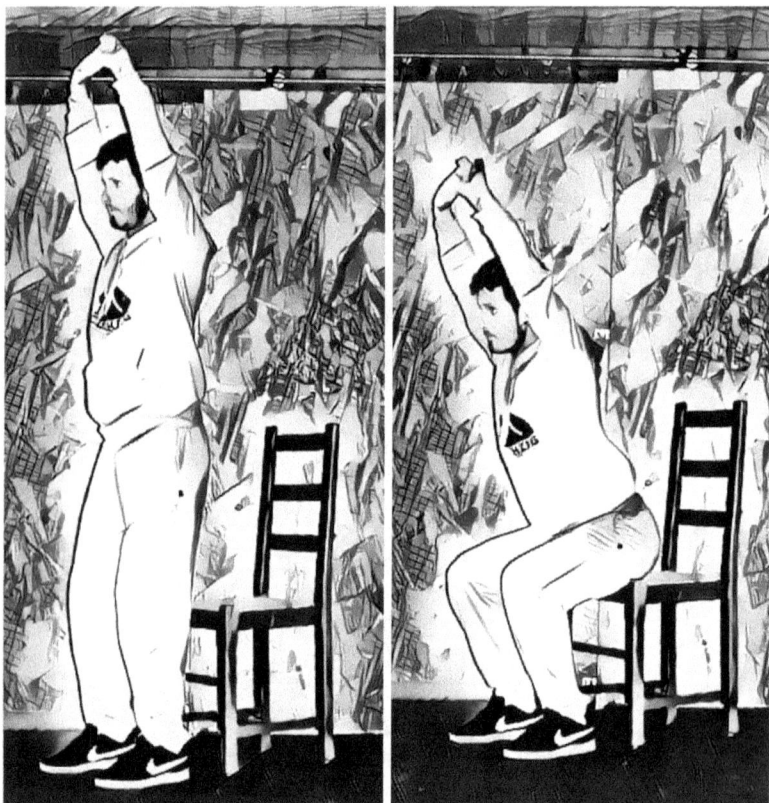

LES FENTES :

Les fentes sont des flexions sur les deux jambes mais l'une est placée en avant et l'autre en arrière, comme si l'on faisait un pas puis que nous devions ramasser un objet au sol.

La position peut être aussi obtenue quand nous devons faire nos lacets par exemple, ou en montant des escaliers deux par deux.

La flexion doit s'effectuer en gardant le buste droit, perpendiculaire au sol. Le genou avant ne doit pas dépasser la pointe de pied. Le pied arrière est en pointe à la fin du mouvement.

Astuce visuelle : Vous devez constamment pouvoir voir la pointe de votre pied avant, lors de la descente.

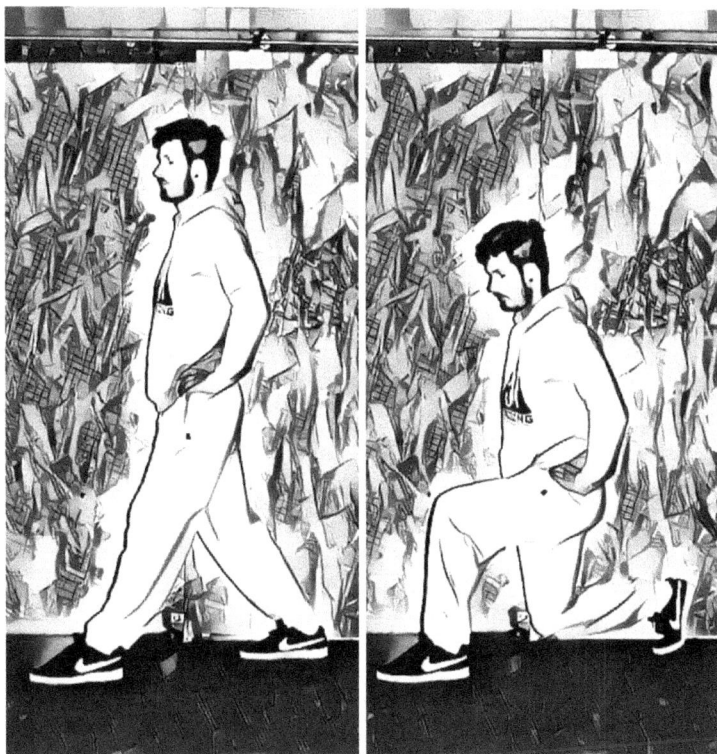

Astuce avec matériel : Prenez une chaise positionnez la pointe du pied avant sous la chaise de manière à ce que votre genou soit contre le bord de la chaise.

SOULEVÉ DE TERRE ou DEADLIFT :

Rien de compliqué ! C'est le fait de soulever une charge du sol ou un objet, une caisse de bois par exemple.

Le geste ressemble à celui du squat, le dos est placé à l'identique, les courbures naturelles du dos sont conservées, les cuisses et les muscles lombaires font le travail.

NB : Cet exercice peut soulager certaines lombalgies, car un mal de dos est souvent dû à un manque de tonicité des muscles lombaires. Je vous invite à en discuter avec votre kinésithérapeute ou votre ostéopathe.

Le mouvement sportif emprunté au quotidien

ÉPAULÉ JETÉ ou CLEAN AND JERK :

C'est un mouvement tiré de l'haltérophilie, mais dont l'origine semble naturelle.

Votre enfant est au sol, il vous tend les bras, vous vous baissez, le saisissez et le soulevez jusqu'à hauteur de la poitrine. Puis si vous voulez jouer avec lui, vous allez le soulever au-dessus de votre tête, les bras tendus, entendant ses rires. Vous allez recommencer pour lui faire plaisir. Voilà, vous avez fait un épaulé jeté.

Autre exemple, moins naturel, mais faisant parti du quotidien : Vous faites vos courses, vous rentrez à la maison… Vous prenez le pack de 6 bouteilles d'eau ou les croquettes pour vos animaux et vous les mettez dans vos placards en hauteur.

Le sac de 15 kg représente le poids d'un enfant dans ce cas.

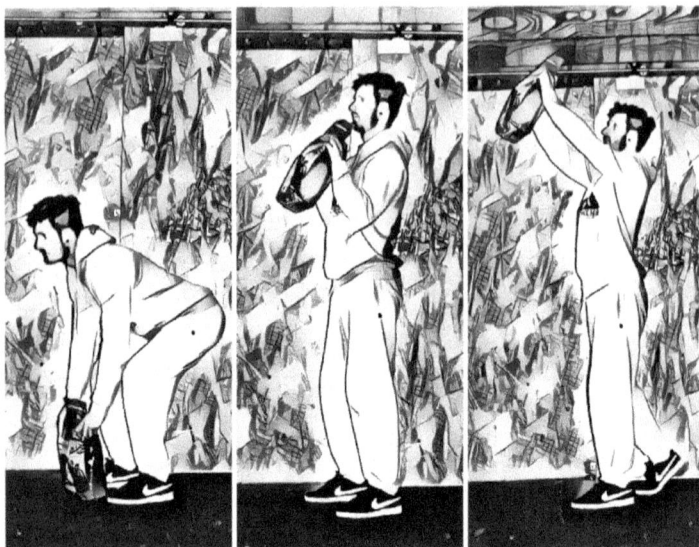

Autre exemple : un sac de croquettes à ranger sur une étagère.

Le mouvement sportif :

Dans ce seul mouvement nous avons les actions : se baisser, attraper, soulever, se lever, tirer et pousser.

N'est-ce pas un geste complet, efficace et naturel ?

MARCHER :

Marcher c'est l'action la plus naturelle que nous faisons automatiquement tous les jours. N'hésitez pas à laisser de côté votre véhicule et utilisez vos jambes, elles sont faites pour ça.

Souvenez-vous : « la fonction crée l'organe », alors servez-vous de vos jambes, si vous ne voulez pas finir aliter plus tôt que prévu.

COURIR :

Courir est aussi un mouvement des plus naturels. D'ailleurs, quand un danger nous guette, la fuite est instinctive. Certains auront le sourire aux lèvres en lisant cela, mais c'est la vérité. Qui ne s'est jamais surpris à courir plus rapidement qu'il ne pouvait l'imaginer lors de situations périlleuses… ?

Reprenons notre sérieux, notre corps est capable de bien des choses, utilisons nos capacités innées.

Une précision : celles et ceux qui feront le bel effort de faire une balade quotidienne, que ce soit en courant ou en marchant, devront la faire de préférence en pleine nature, là où l'air est plus sain qu'aux abords des routes polluées par la circulation et loin de tout stress.

SAUTER :

Sauter, c'est le fait de ne plus avoir aucun contact avec le sol au niveau des pieds après une impulsion.
« Je n'aime pas sauter », « je ne sais pas sauter », et si je vous disais que courir, c'est simplement sauter d'un pied sur l'autre. Nous avons tous déjà couru donc nous savons sauter aussi.

Certes, si vous avez des pathologies vertébrales, ou au niveau des genoux, ne sautez pas. Cela ne vous empêchera pas de bouger et progresser.

Nous venons de voir toutes les actions de base avec des gestes à la fois sportifs et naturels.
Saisissez-vous maintenant le sens de « Faire du sport Sans faire de sport » ?

C'est le sport avec des mouvements fonctionnels que nous allons apprendre à mettre en place dans le quotidien.

MOUVEMENTS FAVORISANT LA PERTE DE POIDS ET AMELIORANT LA CONDITION PHYSIQUE

Montée des genoux :

C'est simplement l'action de monter un genou après l'autre, soit dans un mouvement exagéré de marche, soit dans l'accélération du rythme, en courant, tout ceci sur place.

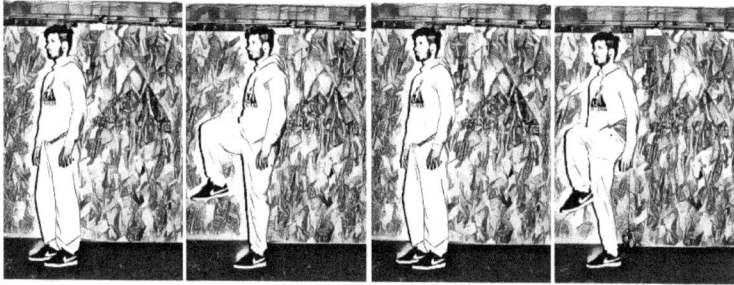

Jumping jack :

Le jumping jack est un mouvement utilisé dans les salles de fitness et aussi par l'armée pour l'entraînement physique.

Il consiste à ouvrir et fermer les bras et les jambes dans un mouvement de saut.

- Position initiale : Pieds joints et bras le long du corps.

- Étape 1 : Sautez en écartant les jambes et les bras viennent jusqu'au-dessus de la tête dans un mouvement latéral.

Les pieds retouchent le sol, ils sont écartés et les bras restent en haut.

- Étape 2 : Sautez en ramenant les jambes et les bras dans la position de départ, pieds joints et bras le long du corps.

Une fois revenu au sol, on peut enchaîner sur la phase 1 et ainsi de suite.

Adaptation aux personnes ne pouvant pas sauter

- **Position initiale** : Pieds joints, bras le long du corps.

- **Étape 1** : On écarte un seul pied (gauche par exemple) jusqu'à en poser la pointe, les bras montent simultanément au-dessus de la tête.

- **Étape 2** : On ramène le même pied (gauche aussi si vous avez commencé par celui-ci) jusqu'à être de nouveau pieds joints, et les bras descendent à nouveau le long du corps, en position de départ.

- **Étape 3** : Comme à l'étape 1 mais on change de pied (le droit si vous avez commencé par le gauche et vice versa), les bras ne changent pas, ils s'élèvent au-dessus de la tête.

- **Étape 4** : Comme à l'étape 2, il faut ramener votre pied en position de départ pendant que les bras suivent en descendant le long du corps.

Et l'on se retrouve de nouveau en position initiale, prêt(e)s à enchaîner sur la 1 ère phase du mouvement.

Pour les personnes ayant mal aux épaules, vous pourrez faire l'exercice en amenant les bras sur l'avant ou en ne dépassant pas la hauteur des épaules.

Le « assis debout » :

C'est un exercice, comme son nom l'indique, qui consiste à s'asseoir et se relever, mais sur le sol, un muret ou un tabouret dans un premier temps.

Il a pour but non seulement de vous renforcer, mais aussi de maintenir une aisance et une force suffisante pour se relever en cas de chute…

Beaucoup de personnes âgées ou en surpoids ne sont plus capable de se relever sans aide une fois au sol.

Peu importe la technique utilisée, le principal est de le faire et quoi de plus naturel que venir s'asseoir par terre ? Les chaises n'existaient pas avant et n'existent pas forcément partout dans le monde.

Au départ, vous pouvez utiliser un support pour vous tracter avec vos bras si nécessaire et disposer d'un coussin ou un matelas sous vos fesses, car vous allez vous rendre compte que suivant la vitesse à laquelle vous vous asseyez, ça peut vous faire mal.

MOUVEMENTS PLUS COMPLEXES

Climber ou montée de genoux à l'horizontal:

Voilà un mouvement un peu plus technique qui aura pour but de renforcer vos abdominaux, vos épaules et vos poignets, et de vous faire transpirer.

- Position initiale : Nous sommes en position de pompe.

Puis nous allons simplement monter un genou après l'autre en direction du menton.

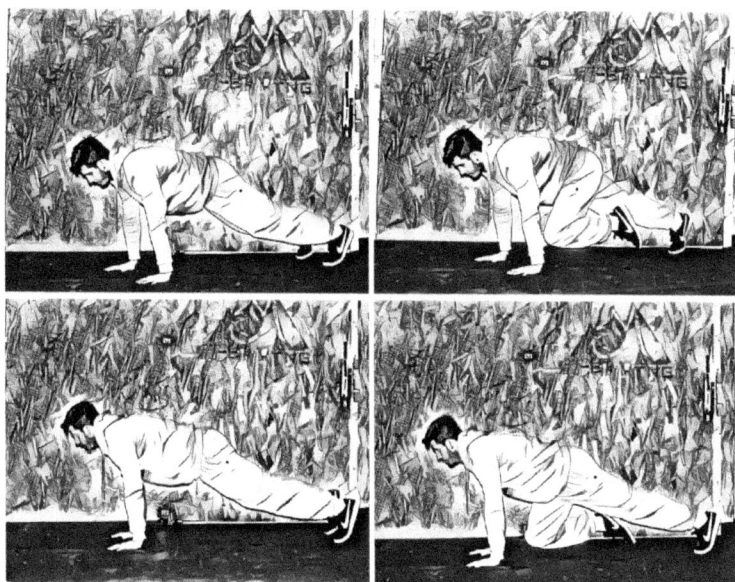

Si vous souffrez des poignets, une variante est possible sur les avant-bras, vous pouvez commencer sur un support tel qu'une table, puis une chaise et enfin au sol quand vous vous sentirez prêt(e)s.

Sur les avant-bras :

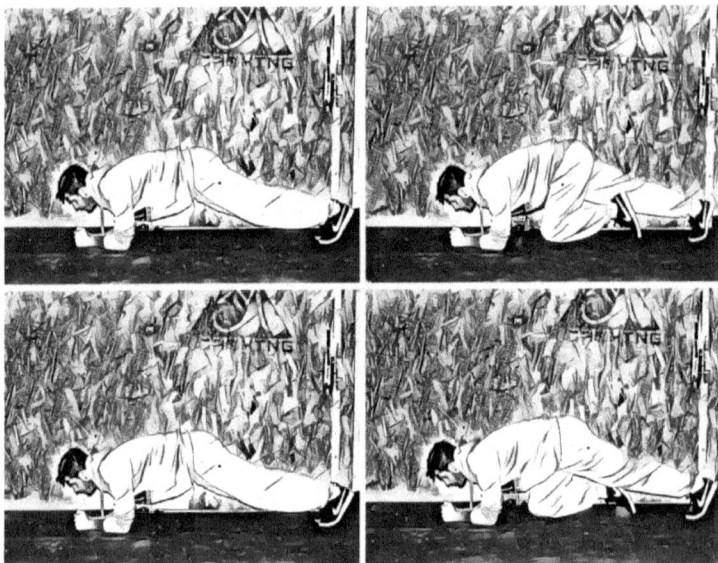

A l'aide d'une chaise :

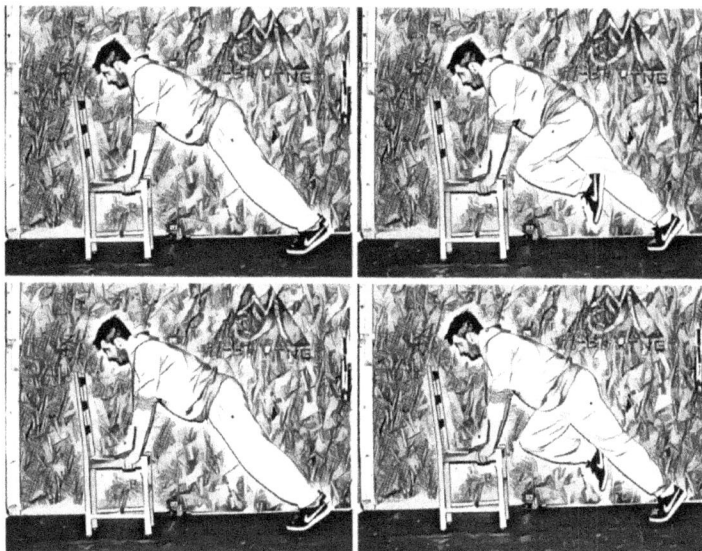

Les « burpees » ou pompes militaires

Personne ne les aime, mais ils sont terriblement efficaces… Ils vont faire monter votre température corporelle à ne plus avoir besoin de chauffage l'hiver et brûler des calories comme jamais, tout en vous renforçant.

- Position initiale : Debout.

- **Étape 1 :** On se baisse, on pose les deux mains au sol devant soi.

- **Étape 2 :** On allonge les jambes derrière soi, (position de pompes ou de planche).

- **Étape 3 :** Optionnel, pour les courageux : on s'allonge au sol et on remonte en position de planche (on fait une pseudo pompe).

- **Étape 4 :** On ramène les jambes entre les mains ou presque, soit en sautant les deux jambes en même temps, soit en amenant une jambe après l'autre.

- **Étape 5 :** On se relève.

- **Étape 6 :** On effectue un saut en claquant les mains au-dessus de la tête, ou bien on monte simplement pointe de pieds en claquant les mains toujours au-dessus de la tête.

Puis on reprend à l'étape 1…

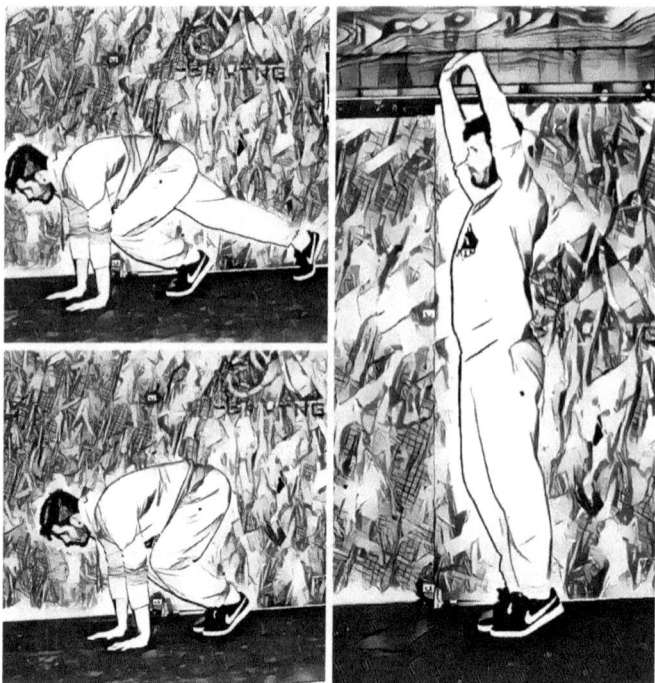

Pour les courageux :

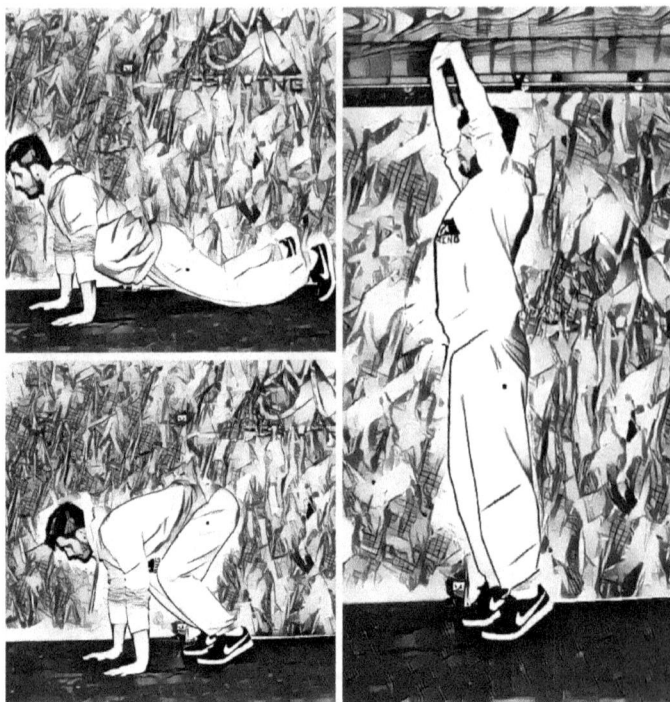

Cet exercice est efficace car il mobilise le corps tout entier comme la plupart des mouvements indiqués pour perdre du poids. De plus, ce sont des gestes similaires à ceux du quotidien.

Tous ces exercices ne se font pas dans le but de prendre du volume musculaire, mais ils vont améliorer votre souplesse, votre capacité à vous mouvoir ainsi que votre condition physique et ils vont renforcer votre résistance aux difficultés de chaque jour.

La santé et le goût de bouger se trouvent à l'arrivée, n'attendez pas et lancez-vous !

BONUS INDISPENSABLE

Il est vrai que le titre du livre fait référence aux gestes du quotidien, mais je ne peux pas terminer sans parler du « gainage » ou renforcement des muscles profonds : ces derniers permettent à notre corps d'acquérir une bonne posture, ce qui peut contribuer à avoir le ventre plat, mais aussi réduire les maux de dos (lombalgies).

Votre ostéopathe, kinésithérapeute et médecin, seront ravis de savoir, que vous pratiquez ces exercices simples en apparence mais qui s'avèrent un peu difficiles au départ.

« SUPERMAN » ou « SUPERWOMAN »

Cet exercice a pour but d'activer les muscles stabilisateurs du bassin, ainsi que ceux des épaules, tout en renforçant aussi votre dos, vos poignets et fessiers. Cherchez l'allongement de la colonne vertébrale ou « l'auto grandissement ».

- **Position initiale** : Vous êtes sur les genoux et les mains. Les genoux au-dessous des hanches et épaules, coudes, poignets alignés à l'aplomb des épaules.
- **Étape 1** : Vous allez lever le bras gauche et la jambe droite en même temps, aussi parallèles au sol que possible. L'exécution est lente de façon à maîtriser le geste.
- **Étape 2** : Vous gardez la position 2 à 4 secondes puis vous revenez en position initiale.
- **Étape 3** : Vous changez de bras et de jambe, bras droit, jambe gauche, aussi parallèles au sol que possible. L'exécution est toujours lente.
Puis vous revenez en position initial et ainsi de suite.

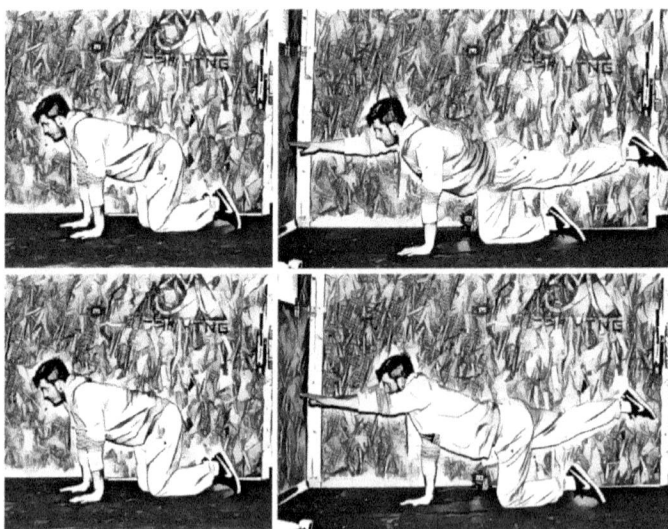

« RELEVÉ DE BASSIN »

Cet exercice a pour but de faire travailler vos fessiers ainsi que tous les muscles extenseurs des hanches.

- **Position initiale** : Couché sur le dos, jambes fléchies, les pieds à plat sur le sol, les bras sont le long du corps, mains tournées vers le sol.
- **Étape 1** : Monter le bassin de sorte que vos cuisses et votre ventre soient alignés, vous penserez à bien contracter vos fessiers en position haute. Gardez la position 10 secondes puis redescendez.

Puis vous recommencez…

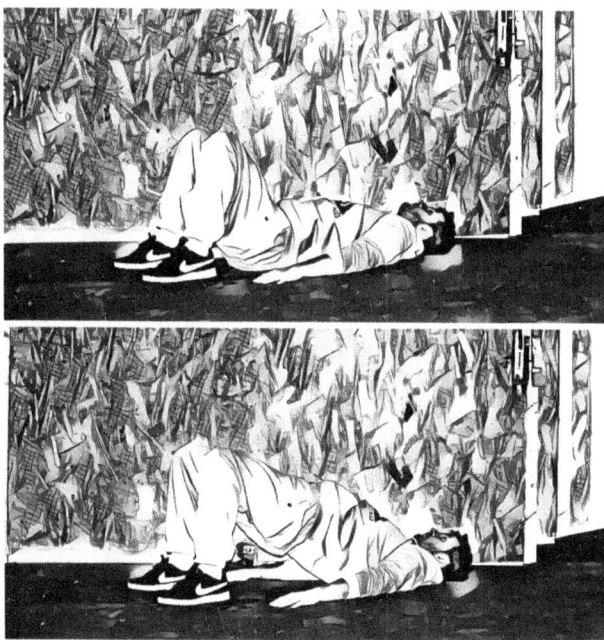

Vous pouvez mettre un peu plus de difficulté en ne prenant appui que sur une jambe.

« BASCULE AVANT »

Cet exercice travaille votre stabilité, donc votre équilibre, ainsi que les muscles stabilisateurs des genoux, des chevilles et du bassin. Il sera lui aussi réalisé à un rythme lent tout en cherchant « l'auto grandissement ».

- Position initiale : Debout, pieds joints, les mains sur les hanches, ou vers le haut dans l'alignement du corps.

- Étape 1 : Penchez le buste vers l'avant tout en levant simultanément une jambe, essayez de former une ligne entre votre abdomen et votre jambe levée.
Vous essaierez d'atteindre la parallèle par rapport au sol.
Restez 2 à 4 secondes en position de travail.

- Étape 2 : Vous revenez en position initiale, tout en contrôlant le geste.

- Étape 3 : Vous changez de jambe et recommencez l'étape 1.

Puis vous enchaînez plusieurs fois les étapes…

L'idéal, quelle que soit la hauteur à laquelle vous levez la jambe, c'est d'avoir celle-ci et le buste alignés tout étant bien « gainés » afin que ces deux éléments ne fassent qu'un bloc, avec le bassin qui reste face au sol.

PROGRAMMES

Cette partie va comporter quelques programmes simples, ayant pour but d'utiliser des gestes du quotidien.

C'est pourquoi il n'y aura pas d'échauffement préalable, car personne ne s'échauffe avant de marcher, de se lever d'une chaise ou bien de se baisser pour ramasser ses sacs de courses.

Cela dit, toutes les consignes de sécurité sont présentes dans la description des exercices.

Une suite logique de certains mouvements effectués au cours d'une journée va être la base de votre programme, les titres seront explicites.

SAUT DU LIT (OU TRANSAT)

Pour vous lever lorsque vous êtes couché(e)s sur le dos, la sécurité pour ne pas vous « blesser » exige que vous vous tourniez sur le côté puis que vous poussiez avec vos bras pour finir assis et vous mettre debout.
Peu de gens le font mais sans conséquence pour eux.

Bonne nouvelle ! La façon dont vous vous levez, qui n'est pas celle que préconise votre kinésithérapeute ou ostéopathe, nécessite l'activation de vos abdominaux.
Tous les matins vous faites au moins une répétition d'exercice pour ces muscles-ci.

Mise en garde et contres indications

L'exécution de cet exercice entraîne une pression sur le plancher pelvien et peut entrainer des maux de dos si vous avez déjà des douleurs.
Si vous ressentez le moindre mal ou difficulté, restez sur la bonne façon de vous lever, en vous tournant sur le côté.
Les femmes enceintes ne le feront pas de face. Si vous avez un doute demandez conseil à votre médecin.

Vous vous allongez sur le dos, sur votre lit, ou votre transat en été, puis vous vous relevez 5 fois, en rentrant le ventre et serrant le périnée (stop pipi) de préférence.
Ensuite vous prenez 2 minutes de repos, et vous recommencez 5 fois jusqu'à atteindre 5 séries.

Pour progresser, vous pouvez diminuer le temps de repos de 30 ou 15 secondes, selon votre niveau.

Exemple : 1'30, 1'15, 1'… jusqu'à atteindre 30 secondes seulement, voire aucun repos, et effectuer 25 répétitions d'affilée.
Ou bien, vous pouvez les augmenter en gardant le même temps de repos, 5, 6… 10.

Bonus : vous pouvez, après avoir fait cette série d'exercices, effectuer le « bon » mouvement pour vous lever, tourner sur le côté, pousser avec les bras et vous relever. Alternez d'un côté puis de l'autre.
Vous travaillerez vos abdominaux obliques et vos bras.
Le schéma de progression est identique.

CANAPE / CHAISE / TABOURET

S'asseoir et se lever 10 fois. Prendre 2 minutes de repos maximum et 30 secondes minimum.
Recommencer 10 fois.

Si vous craignez de faire 10 répétitions, commencez par 5, pareil pour le nombre de séries. Puis, les jours suivants, vous augmentez leurs quantités tout en jouant aussi avec le temps de repos.

Quand vous effectuerez la centaine facilement en ayant diminué le temps de repos, essayez-la sans pause.

Ce programme vise à renforcer vos jambes et votre système cardio-vasculaire.

NB : pensez à regarder la description de l'exercice du squat pour avoir une bonne posture si vous désirez effectuer de vrais squats et ne pas simplement vous asseoir. (cf. page 23)

RANGER LE PLACARD

Prenez deux bouteilles d'eau et faites comme si vous les rangiez dans un placard plus haut que votre tête.
Cet exercice musclera vos bras et vos épaules.

Effectuez plusieurs séries de plusieurs répétions en suivant le modèle du programme canapé.

Tout ceci étant fait, il faut vous chausser pour sortir de chez vous…

LACER SES CHAUSSURES

Sortir avec des chaussures aux pieds, il paraît que c'est préférable, mais bien les lacer sans se faire mal au dos c'est encore mieux !

Vous allez vous baisser en effectuant une fente pour faire vos lacets comme indiqué dans le descriptif des exercices (cf. page 25), puis vous relever.
Vous effectuerez 5 répétitions avec chaque jambe, en prenant un temps de repos d'1 minute pour commencer puis de 30 secondes, toujours selon votre niveau de départ.

Vous recommencez la série suivante ou avec 5 répétitions ou vous augmentez : 6, 7… jusqu'à pouvoir en faire plusieurs de 10.

Le modèle de progression reste le même, il faut faire varier le nombre de répétitions ou bien le temps de repos.

Cet exercice cible les quadriceps et les fessiers, il peut faire travailler un peu votre cardio mais aussi votre équilibre.

Voilà vos chaussures bien lacées. Vous pouvez vous octroyer une petite balade pour dégourdir vos jambes. N'hésitez pas à emprunter quelques pentes (et côtes), ce sera bon pour vos mollets et cuisses.

« JEU D'ENFANT »

Ce programme va vous faire sourire... seulement 20 secondes !
Comme son nom l'indique « jeu d'enfant » cela consiste à venir s'asseoir au sol et se relever comme les enfants le font souvent pour jouer par terre.
Vous l'aurez compris c'est le fameux « assis debout » qui va vous demander plus d'énergie que vous ne le pensiez. (cf. page 41)

La façon de procéder va être légèrement différente afin que compreniez que plusieurs techniques existent pour ce travail.

Vous exécuterez le « assis debout » sur une durée de 30 secondes, puis avec 2 minutes de repos maximum.
Réaliser 4 à 10 séries selon votre forme de base et votre progression.

Vous pouvez par la suite diminuer le temps de repos jusqu'à 10 secondes en passant par plusieurs paliers. Ou bien essayer de faire le plus de répétitions possibles en 30 secondes.

Cet exercice renforcera vos cuisses mais aussi vos bras, votre équilibre et votre système cardio-vasculaire.

NB : il est possible que vous ayez la tête qui tourne, c'est normal. Ceci est dû à l'effort et cela passera avec un peu d'entraînement.
Toutefois si les symptômes persistent, allez consulter un médecin.

J'affectionne particulièrement ce programme car il peut avoir un effet sur une possible perte de poids mais surtout sur votre mobilité et votre capacité à vous relever seul(e) en cas de chute.

Je pense aux personnes âgées souvent en difficulté, aux personnes en surpoids ou tout autre cas de figure où l'on manquerait de force pour se relever.

Il est très important de conserver ou de retrouver une certaine agilité pour rester autonome et améliorer son quotidien.

POUR PLUS D'INTENSITE

Si vous voulez intensifier le travail, des exercices complémentaires peuvent se greffer sur les 5 programmes déjà énoncés.

À l'aide d'une table, d'une chaise ou bien sans support, vous pouvez effectuer des « climbers » (cf. page 43) : 10 entre chaque série d'un des 5 programmes, puis du repos, une montée de genou comptant comme une répétition.
Vous pouvez commencer par 6 répétions, puis augmenter petit à petit et faire varier la vitesse d'exécution.

Cet exercice cible les abdominaux, vos bras, les épaules et le « cardio ».

Des jumpings jacks avec toutes ses variantes peuvent être inclus, vus dans la description des exercices (cf. page 38). Le modèle de progression reste le même : on fait varier soit le nombre de répétitions soit le temps de repos ou la vitesse d'exécution.

N'hésitez pas à inclure d'autres mouvements vus dans le descriptif.

Vous allez apprendre à vous connaître au fur et à mesure des semaines.

POUR FINIR

Dès que vous avez un moment dans la journée ou le soir avant de dormir, posez vos mains sur votre ventre et prenez le temps de respirer profondément sans forcer, en gonflant votre ventre à l'inspiration et en le vidant à l'expiration.
Cela vous détendra et réduira votre stress du quotidien.

Je ne mets volontairement pas plus de programmes car je sortirais du cadre du « sport avec des mouvements du quotidien ». Mais si toutefois vous voulez plus d'informations, je vous invite à me contacter par email.
ymcoaching26@gmail.com

Ou bien sur la page facebook yann morenas coaching.

https://www.facebook.com/sportsantebienetre26/?ref=
aymt_homepage_panel

Ou encore sur instagram yann morenas coaching.

Je me ferai un plaisir de répondre à vos questions pour adapter au mieux votre pratique.

Un lien naturopathie, pour l'alimentation et hygiène de vie.
http://instinctnaturo.com/

CONCLUSION

Si vous êtes en train de lire la conclusion, c'est que le livre a dû vous plaire et vous éclairer sur la pratique du sport.

Elle n'est pas réservée à l'élite, tout le monde en est capable et vous en faites déjà sans vous en apercevoir.

Je ne suis pas entré dans les détails sur beaucoup de points afin que cela reste accessible et compréhensible à tous.

Je n'ai pas parlé d'étirements non plus car plusieurs ouvrages existent déjà sur le sujet et les avis divergent.

J'aimerais qu'à travers ce livre que vous y découvriez avant tout un moyen simple d'entrer dans le sport avec le quotidien, pour une question de bien être avant tout.

Osez poser des questions, vous en ressortirez toujours gagnants !

Rapprochez-vous de professionnels qui pourront vous guider si ce livre a soulevé des interrogations. Nous sommes là pour vous permettre de donner du sens à ce que vous faites plutôt que de suivre les « on-dit ».

Mon but est de vous rendre aussi autonomes que possible et ne pas faire de vous des élèves attaché(e)s au professeur ou au coach.

La vie est faite d'apprentissages. Les avancées dans le sport ne cessent jamais. Une vérité aujourd'hui sur un exercice sera peut-être une aberration dans 10 ans

Soyez curieux, n'ayez peur ni de mal faire ni du regard des autres, pensez à votre santé et prenez du plaisir.

Tout est possible…

COACHING
SPORT × SANTÉ × BIEN-ÊTRE

Yann Morenas
>> SPORT • SANTÉ • BIEN-ÊTRE <<

www.ingramcontent.com/pod-product-compliance
Lightning Source LLC
LaVergne TN
LVHW051429080426
835508LV00022B/3312